Laceration. mq p
17 à 32

L'ART

DE CONNAITRE LES HOMMES

PAR LA

PHYSIONOMIE,

PAR GASPARD LAVATER.

NOUVELLE ÉDITION, corrigée et disposée dans un ordre plus méthodique, précédée d'une notice historique sur l'auteur; augmentée d'une exposition des recherches ou des opinions de La Chambre, de Porta, de Camper, de Gall, sur la physionomie; d'une Histoire anatomique et physiologique de la face, avec des figures coloriées; et d'un très-grand nombre d'articles nouveaux sur les caractères des passions, des tempéramens et des maladies : par MOREAU (de la Sarthe), docteur en médecine.

Avec 500 gravures exécutées sous l'inspection de M. VINCENT, peintre, membre de l'Institut.

PROSPECTUS.

A PARIS,

CHEZ { L. PRUDHOMME, rue des Marais, n.° 18.
{ LEVRAULT, SCHOELL et C.ᴵᴱ, rue de Seine, n.° 12.

1806.

AVIS.

Les meilleurs prospectus d'un ouvrage sont les livraisons de l'ouvrage même. Le public a été trop souvent trompé par les belles phrases et les promesses que renferment ordinairement les prospectus.

Le Discours préliminaire de cette nouvelle édition fera suffisamment connaître le plan adopté pour cette édition et donnera une idée du style des nouveaux articles.

La beauté des caractères, du papier; la belle exécution des dessins et des gravures de la première livraison doivent rassurer les amateurs qui désireront se procurer cet ouvrage.

Les livraisons, qui se succéderont rapidement jusqu'à la fin de l'ouvrage, seront absolument conformes à celle-ci; mais l'intérêt des gravures et du texte augmentera progressivement.

La célébrité de M. Vincent, peintre, et membre de l'Institut, qui surveille l'exécution des dessins et des gravures, est la meilleure garantie que nous puissions donner au public.

Les figures anatomiques relatives à la physiologie ont été gravées d'après les dessins de M. Salvage, docteur en médecine, auteur de l'anatomie du *Gladiateur combattant.*

Nous avons lieu d'espérer que cette entreprise sera favorablement accueillie, et honorera les hommes de lettres et les artistes qui y coopèrent.

Pour faciliter l'acquisition d'un ouvrage aussi important, nous l'avons divisé en 24 livraisons, formant 8 vol. in-8.° d'environ 3500 pages de texte, et 6 vol. in-4.°, avec 500 gravures et vignettes. Ces 24 livraisons seront terminées irrévocablement dans un an. Il en paraîtra deux par mois, à partir du 1.er janvier 1806.

Cet ouvrage n'est tiré qu'au nombre de

500 Exemplaires in-8.° sur papier grand-raisin fin.
250 *Idem* in-4.° sur papier grand-raisin double.
25 *Idem* in-8.° sur papier vélin double satiné.
12 *Idem* in-4.° papier vélin double satiné.

Total 787 Exemplaires.

Les exemplaires sur papier vélin auront des épreuves avant la lettre.

PRIX

DE CHAQUE LIVRAISON.

Pour l'in-8.° grand-raisin fin . . . . 6 f.
Même format, papier vélin double satiné, figures
avant la lettre 12
L'in-4.° papier grand-raisin double 12
Même format, vélin double satiné, fig. avant la lèttre. 24

On ne paie aucune somme d'avance : il suffit de donner le montant de chaque livraison qu'on retire.

Les personnes des départemens qui voudront recevoir l'ouvrage franc de port, ajouteront 5o centimes par livraison.

Les épreuves seront livrées conformément à l'ordre d'inscription.

La liste des souscripteurs sera imprimée séparément, et pourra être placée à la fin du dernier vol., pour ceux qui le désireront.

ON SOUSCRIT

Au bureau de L. PRUDHOMME, l'un des éditeurs, rue des Marais, n.° 18, faubourg Saint-Germain.

E T

Chez { LEVRAULT, SCHOELL et C.ie, rue de Seine, n.° 12.
DEBRAY, rue Saint-Honoré, vis-à-vis celle du Coq.

DE L'IMPRIMERIE DE LEVRAULT, RUE DES SS. PÈRES, N.° 69.

DISCOURS

PRÉLIMINAIRE.

Les recherches de Lavater sur l'art de connaître les hommes par leur physionomie forment un des ouvrages d'histoire naturelle et de philosophie dont la lecture excite le plus l'intérêt et la curiosité. Écrites avec chaleur, accompagnées de gravures non moins expressives que le texte, elles attachent à la fois les yeux, l'esprit, le cœur; et cela dans l'examen des objets que l'homme a le plus grand besoin et le plus grand désir de connaître: dans l'observation toujours si piquante des rapports de la physionomie et des passions; dans l'exposition pittoresque, dans la révélation involontaire et silencieuse, des replis du cœur humain, des secrets les plus cachés et des mystères les plus profonds de la pensée et des affections.

Dans ces recherches, l'homme est lui-même le sujet de ses contemplations: ce n'est plus une nature étrangère ou éloignée qu'il interroge; c'est une nature prochaine, réagissante et passionnée, qu'il observe, qu'il étudie sous le point de vue le plus curieux, le plus fécond en applications.

Le philosophe, dans cet examen, réunit l'intérêt de l'observation au charme des pressentimens, le témoignage d'un sens exercé aux élans de la pensée, aux prévisions d'une sage conjecture. Il voit ce qui est digne d'amour ou de mépris; éclaire, rectifie les sympathies et les aversions; multiplie les occasions de la pitié et de l'attendrissement : ou, interprétant les lignes, les contours d'un portrait, d'un simple profil, il devine l'ame, la destinée d'un grand homme; il trace le portrait moral, l'histoire toute entière d'un personnage illustre, dont il ignore le nom, la renommée, et sur lequel il porte néanmoins un jugement auquel la postérité ne pourra manquer de souscrire.

Ces interprétations pleines de sagacité, ces commentaires ingénieux, Lavater les a tentés souvent avec succès : c'est ainsi, par exemple, que sur un portrait de Mirabeau qu'on lui adressa, il jugea ou plutôt il devina cet homme célèbre, qu'il n'avait jamais vu.

Avec cette apparence de merveilleux qui séduit toujours, avec des droits d'ailleurs plus fondés à l'intérêt et à l'attention des lecteurs, le goût raisonné des recherches physionomiques devrait être généralement répandu : et cependant, sur ce point

important, comme dans plusieurs autres circons-
tances, on préfère l'empirisme à la science ; on juge
au hasard des différentes physionomies, ou l'on
refuse de croire à leurs témoignages ; et l'ouvrage
de Lavater, quoique très-célèbre, est peu répandu,
du moins *en France*, où il n'est guère connu que
de nom, même par ceux qui l'accablent d'éloges
ou de censures.

Les défauts et la forme incommode de la traduction française, en 4 volumes petit in-folio, imprimée
en Hollande , ont pu contribuer à mettre cet ouvrage hors de la portée du plus grand nombre des
lecteurs.

Le prix de cette traduction est d'ailleurs excessif,
et la concentre nécessairement dans les grandes
bibliothèques, ou dans les cabinets des curieux et
des riches amateurs.

Ajoutons que l'auteur de cette traduction n'est
pas français ; qu'il manque en général d'enthousiasme, de chaleur, de mouvement, même de
correction ; et que , dans un idiome qui n'était
pas sa langue naturelle, il n'a pu trouver ces nuances,
ces détails d'expression , ces teintes délicates et
presque imperceptibles, qu'exige un sujet aussi difficile à traiter que l'étude de la physionomie.

*

Il faut aussi remarquer que l'on trouve dans l'ouvrage de Lavater des lacunes à remplir, quelques défauts à corriger, et un désordre, une confusion qu'il importe de faire disparaître dans une traduction où, sans rien retrancher du texte original, on cherche moins à rendre servilement ce texte, qu'à présenter les pensées et les observations de l'auteur sous le rapport le plus favorable, et dans un cadre qui en augmente le prix, par un rapprochement heureux et des liaisons indispensables.

On diroit que Lavater a invité lui-même ses traducteurs à user d'une semblable liberté. Les faits qu'il a publiés sont, en quelque sorte, présentés dans l'ordre de leur découverte; il les a donnés au public sous la forme de fragmens isolés, qu'il ne pouvait pas réunir, parce qu'il les publiait à différentes époques.

Les forces d'un seul homme, dit-il, *sont trop bornées, et sa vie trop courte, pour une entreprise aussi vaste que la mienne; je laisse à ceux qui viendront après moi le soin de perfectionner mon ouvrage.*

Nous n'avons pas conçu le projet de remplir une tâche aussi glorieuse et aussi difficile. Nous nous bornons à donner une édition de Lavater plus correcte, avec un rapprochement de tous les sujets analogues qui sont dispersés et placés au hasard dans l'édition imprimée en Hollande. Nous donnons en outre cet ouvrage sous un format plus commode, et avec des articles sur des sujets que Lavater avait omis ou traités d'une manière trop superficielle, parce qu'il n'était ni physiologiste, ni médecin, ni même naturaliste. Ces nombreuses additions sont presque toutes le résultat de nos recherches sur la liaison de la physionomie avec les différens états de la sensibilité.

Nous avons conservé toutes les planches correspondantes au texte de Lavater, et nous avons fait terminer toutes celles qui n'auraient pas été assez expressives sans l'effet des ombres et des nuances. Nous avons fait graver les autres planches au trait, afin d'arriver à un degré d'exactitude et d'expression que n'ont pas toujours les gravures terminées, et dans la persuasion qu'en général le simple trait est préférable dans les ouvrages de ce genre, où la direction des lignes, la disposition, la correspondance des parties, sont des objets essentiels qui disparaissent souvent dans le volume des ombres (1).

_____

(1) Nous sommes redevables de cette remarque à M. Vincent, peintre, et membre de l'Institut, qui se charge de revoir tous les dessins et toutes les gravures que contient cet ouvrage.

Lavater exprime souvent cette préférence, qu'il accorde aussi aux simples traits et aux silhouettes, et n'emploie les gravures achevées, dans plusieurs cas, que pour en faire sentir les défauts et l'infidélité.

Nous avons ajouté plusieurs planches qui se rapportent à nos additions, savoir, principalement, celles qui sont relatives à l'anatomie de la face et au caractères des passions; les dessins tirés des recherches de Camper, Blumenbach, Gall; plusieurs portraits de personnages célèbres, etc.

Nos additions les plus étendues se rapportent presque toutes à des observations d'histoire naturelle et de physiologie appliquées à la poétique des beaux arts. Les plus importantes sont : 1.º l'article sur la structure, les usages et les caractères des différentes parties de la face dans l'homme; 2.º des notices tirées des recherches de Camper et de Blumenbach sur les différences nationales, et sur les traits les plus remarquables de la physionomie chez les différens peuples; 3.º plusieurs remarques sur les passions, tirées de Lachambre, ou entièrement neuves; 4.º le fragment de Diderot sur l'expression; 5.º l'exposition de la doctrine de Gall; 6.º les observations les plus curieuses d'Engel sur les physionomies imitées;

7.º des extraits d'Hogarth et de Vinckelmann sur le caractère des figures idéales, et quelques considérations dans lesquelles, appliquant les interprétations physiognomoniques à la beauté, on cherche dans les élémens du beau idéal la révélation des beautés morales, des qualités les plus sublimes, et d'un degré d'élévation dans la condition de l'humanité.

Nous avons placé ces divers supplémens dans le corps de l'ouvrage, en les rapportant soigneusement aux différentes parties du texte avec lesquelles ils ont quelque analogie. Nous n'avons pas eu toutefois le projet, ni même le désir, d'une concurrence téméraire, et nous avouons que, redevables de ces pièces de rapport aux études relatives à notre profession (1), nous n'avons jamais perdu de vue la leçon donnée par Apelles à cet ouvrier qui, fier d'avoir bien jugé de la chaussure, osa prononcer ensuite sur toutes les parties de la figure et des draperies.

Les considérations qui viennent d'être exposées

(1) La médecine, celle de toutes les professions où l'on a le plus d'occasions de s'exercer aux recherches physionomiques, et d'acquérir les connaissances qui peuvent favoriser ou compléter ces recherches.

sont relatives à l'intérêt général que présentent les recherches de Lavater, et à celui que peuvent leur donner une édition plus soignée, une meilleure distribution des matières, et des additions tirées de l'étude de l'homme physique et propres à lier davantage les observations physiognomoniques avec les sciences, la peinture, la poésie, et tous les arts, toutes les professions qui ont pour objet d'observer, d'interroger ou d'imiter la nature vivante et passionnée.

Osons maintenant jeter un coup d'œil sur la carrière que nous devons parcourir; voyons de loin les masses, les grands ensembles, auxquels l'analyse et les observations doivent ensuite s'attacher successivement. Cette première vue nous conduira à tracer notre plan, à exposer notre cadre, à y placer même quelques esquisses, et à faire connaître la composition d'un tableau dont tous les détails appartiennent à Lavater, qui en avait trop négligé l'ordonnance et la distribution.

Ce plan, que nous allons tracer rapidement, présentera dans toute son étendue l'art de connaître les hommes par leurs physionomies; en classant les nombreux articles que comprend cette nouvelle édition, il les unit, les enchaîne, et sans rien leur

faire perdre, il ajoute à leur prix par les avan-
tages des rapprochemens et de la situation. Lavater, trop occupé de ses observations, et naturellement disposé à l'enthousiasme, avait dû négliger
cette méthode, cette liaison, sans lesquelles ses
recherches ne peuvent former un ensemble, ni
faire accorder à leur auteur toute la gloire qu'il a
méritée.

En isolant, sous le titre de FRAGMENS, les différentes parties de son ouvrage, il a isolé aussi et
dispersé ses droits à la célébrité.

Pourrait-on nous reprocher de les avoir réunis?
n'est-ce pas ajouter à leur force, à leur éclat, et
consacrer à la mémoire de Lavater le monument
le plus honorable et le plus glorieux?

L'homme, observé relativement à la physionomie, présente d'abord deux points de vue bien
distincts : celui de la physionomie en mouvement,
et celui de la physionomie en repos.

A la physionomie en mouvement répondent l'observation et le tableau des caractères des passions
et des divers états de l'esprit.

La physionomie en repos, plus difficile à observer, révèle le caractère moral et les habitudes cons-

tantes et naturelles, ou les révolutions et les déran-
gemens passagers de l'organisation.

L'étude de la physionomie en mouvement doit
précéder celle de la physionomie en repos, et ce
n'est qu'après avoir observé les orages des passions,
le travail de la pensée, la physionomie en mouvement, en convulsion même, que l'on pourra,
lorsque l'ame est tranquille, reconnaître la trace
de ses agitations antérieures, dans les traits, les proportions, le développement, les rapports et l'attitude des différentes parties du visage.

Cette physionomie en repos, cette empreinte des
sentimens habituels ou des facultés dominantes de
l'esprit, ne s'efface point pendant le sommeil, se
conserve même après la mort; et Racine a dit avec
raison, en parlant du farouche Etéocle,

> Son visage, où la mort a répandu ses traits,
> Demeure plus terrible et plus fier que jamais.

Les différentes physionomies en repos, considérées relativement aux habitudes de l'ame, dont
elles trahissent le secret, sont ou naturelles et régulières, ou altérées.

Les physionomies altérées sont les plus faciles à
reconnaître : elles dépendent des passions violentes,

des penchans criminels, des habitudes dépravées, de tous les sentimens dont l'expression hideuse et déformatrice semble annoncer qu'il n'est pas de véritable beauté sans vertu, sans noblesse, sans amour, et que le crime et le vice, toujours contraires à la nature, pervertissent à la longue et dégradent les plus belles physionomies.

Les passions douces et aimantes, les sentimens paisibles, les facultés de l'esprit les plus silencieuses, n'ont pas cette expression du crime ou de la corruption; elles laissent cependant des traces assez profondes, quand elles sont dominantes, et donnent à la physionomie un caractère, difficile quelquefois à distinguer, mais que l'observateur un peu exercé parvient aisément à reconnaître. On ne doit pas, sans doute, commencer ses observations et ses études physiognomoniques par ces traits si délicats, par ces traces si légères, des impressions de la sensibilité : il faut s'élever du simple au composé, et de l'observation de l'effet déformateur des passions honteuses et féroces, jusqu'aux pressentimens qui font reconnaître les empreintes adoucies et les caractères presque imperceptibles des habitudes morales et intellectuelles les moins orageuses. L'observation des physionomies altérées doit donc précéder celle des physionomies régulières, parce qu'elle est plus facile, et que l'art de voir s'y trouve éclairé par des répulsions antipathiques, qui souvent nous servent mieux que les avertissemens de la prudence ou les conseils de la raison. Les physionomies qui expriment seulement des différences physiques, et que nous appellerons physionomies organiques, se présentent également à notre examen, dans un état naturel, ou avec des caractères de bouleversement et d'altération.

Les physionomies organiques naturelles annoncent les diversités qui dépendent du tempérament, de l'âge, du sexe, des variétés nationales.

Les physionomies organiques, altérées, dépendent du dépérissement, de la décrépitude, ou de certaines maladies dont les principaux symptômes consistent dans l'altération de la physionomie.

On peut aussi étendre l'étude de la physionomie aux différentes applications dont elle est susceptible, et à des rapprochemens que nous réunissons sous le titre de Physiognomonie comparée.

Tels sont les points de doctrine physiognomonique auxquels on peut rattacher, avec quelque avantage, les recherches de Lavater, et que l'on doit alors ranger sous les titres suivans :

1.° DE LA PHYSIONOMIE EN MOUVEMENT, ou des caractères des passions.

2.° DES PHYSIONOMIES ALTÉRÉES par les penchans déformateurs, par les habitudes dépravées ou criminelles, par les aberrations du sentiment.

3.° DES PHYSIONOMIES EN REPOS, naturelles et régulières, et de l'expression permanente des habitudes du cœur et de l'esprit.

4.° DES PHYSIONOMIES ORGANIQUES, avec altération.

5.° DES PHYSIONOMIES ORGANIQUES, sans altération.

6.° DE LA PHYSIOGNOMONIE COMPARÉE.

7.° DES APPLICATIONS DE LA PHYSIOGNOMONIE.

Les différentes parties de l'ouvrage de Lavater, que l'on peut toutes ranger sous ces titres, forment une suite d'observations et de tableaux, que nous croyons pouvoir appeler *les Études de la physionomie*. Il est déjà facile d'apercevoir toute l'étendue et toute l'importance de ces Études. En effet, l'art de connaître les hommes par leurs physionomies ne se borne pas à découvrir, dans les traits du visage, les différentes habitudes morales ou intellectuelles, qu'il est toujours si piquant de reconnaître ou même de soupçonner : cet art est beaucoup plus vaste, et embrasse tous les rapports de l'homme extérieur et de l'homme intérieur, la science de l'expression dans toute son étendue ; la recherche de toutes les traces, de tous les signes, de tous les caractères des qualités physiques et morales de l'organisation.

Cette distribution par *Études*, que nous préférons aux divisions ordinaires des ouvrages en livres et en chapitres, nous paraît plus propre à indiquer la nature des connaissances physiognomoniques : elle rappellera que ces connaissances, dont la philosophie doit apprécier le degré de certitude, ne s'allient pas à des démonstrations rigoureuses ; qu'elles ne sont encore que des essais qu'il faut perfectionner, et qu'elles ont pour base des observations infiniment délicates, des interrogations timides et embarrassées de la nature, et des recherches dans lesquelles on doit moins peut-être aux vues profondes de la raison , qu'aux aperçus rapides du sentiment.

Ces Études sont au nombre de treize, dont nous allons successivement indiquer le titre et les sujets. Elles sont précédées d'une introduction très-étendue, et de deux Etudes préliminaires sur l'histoire anatomique et l'expression isolée de chacune des parties qui sont le sujet principal de la physionomie.

Ire ÉTUDE.

De la physionomie en mouvement, ou des caractères
des passions.

La physionomie en mouvement est un tableau
varié et vivant, où se peignent, avec autant de force
que de délicatesse, tous les mouvemens du cœur,
toutes les opérations de l'esprit. L'homme jouit,
souffre; il veut, il désire, il entre en fureur; il
hait, il aime; il craint ou brave le danger. Toutes
ces émotions, tous ces sentimens, sont exprimés
sur son visage ; chaque mouvement de l'ame est
rendu par un trait, chaque action par un caractère,
dont l'impression est impérieuse, involontaire, et
peint au dehors, par des signes pathétiques, les
images de nos secrètes agitations.

L'observation de cette physionomie en mouvement est une des parties principales de l'histoire
physiologique des passions, et la plus belle application de l'histoire naturelle et de l'anatomie à la
peinture et à tous les autres arts d'imagination.

Sa variété et son étendue dans l'homme dépendent de la structure admirable de la face, dont les
moyens d'expression répondent à la richesse des
affections et des pensées.

En effet, non-seulement chaque partie, chaque région du visage prend un caractère dans les passions ; mais des muscles isolés et délicats, un assemblage de vaisseaux, des fibres, des nerfs qui semblent avoir quelque chose de la mobilité de l'esprit et de la délicatesse du sentiment, obéissent séparément à chaque émotion, et l'expriment avec autant d'énergie que de fidélité. Rien de semblable ne s'observe dans les animaux. Dans le singe même, un voile épais et musculaire recouvre les joues ; tous les muscles sont volumineux, peu distincts les uns des autres, peu variables dans les différens individus, et plus disposés à produire des convulsions, des secousses, des grimaces, qu'à exprimer les mouvemens délicats et le jeu passionné de la physionomie.

Les passions, considérées relativement à leurs effets physiques et à leur expression, sont, 1.° CONVULSIVES et cruelles ; 2.° OPPRESSIVES ; 3.° EXPANSIVES, c'est-à-dire accompagnées d'un doux épanouissement et d'une heureuse dilatation dans tous les organes.

Les opérations de l'esprit doivent occuper un tableau séparé, et ne pas être confondues, même sous le rapport de l'expression, avec les affections morales.

Il faut donc étudier successivement dans leurs

On n'a rien négligé pour multiplier et rectifier les recherches relatives à cette théorie : l'auteur a formé une collection très-nombreuse, soit en nature, soit moulés en plâtres, de crânes d'hommes illustres, de personnages extraordinaires dans tous les genres, d'artistes, de poètes, de fous, de voleurs, et de quelques animaux remarquables par l'énergie de certains penchans et de diverses qualités. Sur tous ces monumens il prétend lire distinctement et retrouver l'histoire des différens personnages dont ils proviennent, ou du moins reconnaître les traits principaux de l'esprit ou du caractère, dans la configuration de ces diverses pièces, qu'il observe et qu'il interroge avec une sagacité admirable.

On expose les principes et les conséquences de cette doctrine, sans partialité, ni prévention ; on lui oppose ensuite une série d'objections tirées des résultats les plus concluans de la physiologie, de l'examen particulier du cerveau, et des rapports du physique et du moral de l'homme.

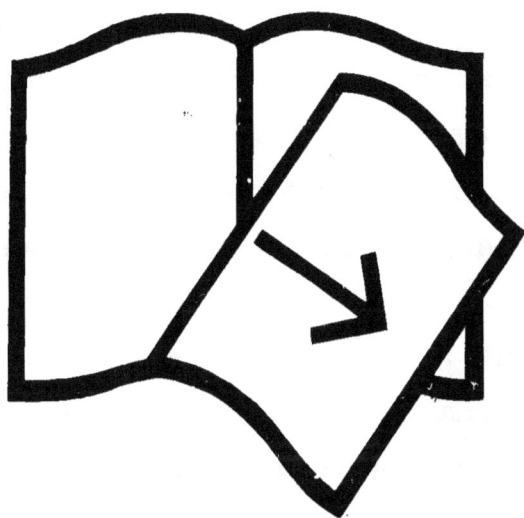

Documents manquants (pages, cahiers...)

NF Z 43-120-13

VII.ᵉ ÉTUDE.

De la physiognomonie considérée dans les femmes
et dans les divers âges.

Chez les femmes la physionomie n'est jamais entièrement reposée.

Les muscles de la face, ces faisceaux élégans dont
le mouvement rapide et le jeu si animé expriment
toutes les nuances du sentiment et de la pensée,
ont plus d'action que de volume; les traits du visage
n'ont point un caractère permanent, comme dans
l'homme, et ne révèlent pas avec autant de fran-
chise la direction de l'esprit et la nature des sentimens. L'agitation qui succède efface les traces de
celle qui a précédé, et qui n'est pas assez prolongée
pour imprimer un caractère durable : la nature
même de l'organisation de la femme contribue à
cette différence.

Ce sont les angles, les saillies, les contours fortement prononcés, qui font les traits physiognomoniques : chez la femme tout est arrondi, du moins
pendant la jeunesse; un tissu délicat, expansible,
élastique, efface tous les angles, unit toutes les
parties par les transitions les plus douces. Les
muscles sont d'ailleurs plus mobiles, moins long-

temps livrés à la même contraction, et ne modifient pas assez fortement la physionomie pour lui donner cette expression habituelle qui permet de découvrir la passion dominante, la nature des penchans, l'emploi des facultés, les directions du cœur et de l'esprit.

Chez les enfans la physionomie est encore plus mobile; elle est en outre moins développée. Cependant elle est déjà très-significative; et il est étonnant, dit Rousseau, combien ces physionomies mal formées ont déjà d'expression. Leurs traits changent d'un instant à l'autre, avec une inconcevable rapidité : vous y voyez le sourire, le désir, l'effroi, naître et passer comme autant d'éclairs; à chaque fois vous croyez voir un autre visage.

Cette grande mobilité, ce jeu si rapide n'instruisent, chez les femmes comme chez les enfans, que du moment présent, que de l'émotion qui se fait éprouver dans l'instant; et la physionomie, quoique très-expressive, n'offre pas de caractères physiognomoniques. Cependant Lavater a appliqué ses principes et ses observations à un grand nombre de femmes et d'enfans; il est parvenu à démêler dans leurs traits les signes d'un caractère déjà formé, ou

la nature des penchans et des affections qui doivent
se développer. Nous rapprochons dans cette sixième
Étude toute cette partie la plus difficile de la langue
physiognomonique. Plus de trente planches et leurs
explications et interprétations composent cette
Étude. Parmi les sujets qu'elles représentent, on
distingue celui d'une des plus agréables vignettes
de cette division de l'ouvrage, les caractères de la
noblesse et de la vertu chez une femme de l'esprit
le plus élevé; la douceur du caractère chez une
autre femme; la même femme sous quatre faces
différentes; *une mère* et sa fille; la belle *Cenci,* avec
des observations du plus grand intérêt sur sa physionomie; la tête poétique d'une femme; les têtes
de Laïs et d'Artemise; plusieurs portraits de femmes,
considérés sous le rapport de l'expression, et d'une
manière générale.

Le portrait de la pudeur et un portrait analogue.

Une figure de femme que Lavater regarde comme
trop peu *individualisée.*

Le portrait très-significatif d'une femme d'un
esprit supérieur.

Un grand nombre de portraits, de profils, de
groupes d'enfans figurent dans la même Étude.

Tout le monde a lu dans Clarisse les remarques

pleines de finesse de Miss Howe sur la physionomie que devaient avoir, au collége, Solmes, Hickmann et Lovelace.

« Je me représente, dit-elle, Hickmann comme un grand élancé, la chevelure aussi plate que la physionomie, qui était harcelé et pincé de tous les autres, et qui retournait au logis le doigt dans l'œil, pour s'en plaindre à sa mère. Lovelace, au contraire, était un franc vaurien, aux cheveux crépus, plein de feu, de caprice et de méchanceté, allant à la picorée dans les vergers; escaladant les murailles; courant à cheval, sans selle ni bride; un indomptable petit mutin qui donnait des coups de pieds, des coups de poing, et qui en recevait; qui ne rendait justice à personne, et qui ne la demandait pas pour lui; qui, ayant la tête cassée dix fois par jour, disait, c'est l'affaire d'un emplâtre, ou qu'elle se guérisse toute seule, et ne cherchait qu'à faire plus de mal encore, s'exposant à avoir les os brisés ou à le mériter.

« Solmes, je m'imagine, devait être un sale et vorace petit garçon, qui tournait sans cesse autour de ses camarades pour trouver quelque chose à escamoter, et qui mendiait volontiers, de toutes les mains, la moitié de leur tartine. »

Lavater cherche aussi, et devine dans l'enfant, dans l'écolier, l'homme fait, avec son allure arrêtée, sa tournure, son caractère, sa direction, l'objet de ses travaux et de ses sentimens.

Cette septième Etude présente des conséquences et des applications d'un grand intérêt, relativement à l'éducation (1).

VIII.ᵉ ÉTUDE.

Des physionomies idéales, et de l'analyse physio-
logique de la beauté.

Le génie poétique et les beaux arts ne se bornent pas à imiter servilement la nature : ils l'embellissent quelquefois; ils changent ses aspects, la combinaison, le théâtre, les acteurs, les effets; ils donnent des formes à la pensée, animent, personnifient les abstractions, et deviennent créateurs d'un monde où l'imagination se plaît à s'égarer au milieu de la féerie, des prestiges et des illusions.

L'homme lui-même change de physionomie dans ces inventions poétiques, présente les caractères

_____

(1) Les planches sont au nombre de 8 ou 10, et plusieurs forment de très-jolis tableaux.

extérieurs d'une condition au-dessus de l'humanité, et apparaît avec un ensemble de beautés physiques ou de beautés morales, dont l'effet s'augmente chez tous les peuples, par sa liaison avec les idées religieuses, les préjugés de l'éducation et les passions factices.

Ainsi que le monde physique, ce monde idéal se divise en ancien monde, qui répond à la mythologie grecque, et en nouveau monde, qui se rapporte à la religion des chrétiens.

Un grand nombre de gravures et d'articles ont été consacrés par Lavater à l'examen physiognomonique des physionomies idéales qui se rapportent à ces deux principaux systèmes de religions : ce sont surtout les fragmens et les planches consacrées aux études physiognomoniques sur Apollon, Mars, Hercule; sur plusieurs figures antiques; sur diverses figures idéales d'après Raphael; sur un Satan réalisant la pensée de Milton, par Fusely; sur un grand nombre de Christs; sur un Jésus entre les larrons, et sur les Descentes de croix; sur la figure du prophète Élisée, et sur celles des prophètes en général; sur plus de vingt têtes d'apôtres; sur S. Paul devant Félix; sur différentes têtes de S. Jean; sur S.ᵉ Cécile, d'après Raphael, sur une foule de

Vierges et de Magdelaines; sur plusieurs têtes
d'anges; sur l'ange et Marie, etc., etc.

Les physionomies imitées, la partie exécutive de
l'art dramatique, ont pour objet, ainsi que les physionomies idéales, de donner des émotions plus ou
moins fortes, par l'image des passions et des sentimens.

Elles diffèrent des physionomies d'une nature
supérieure et plus qu'humaine, parce qu'elles sont
moins éloignées de la nature : plus vives et plus
animées, ce sont des représentations dans lesquelles
le peintre est lui-même le tableau, et n'emprunte
aucun secours étranger pour produire ses effets
quelquefois si touchans et si pathétiques.

Il est facile d'apercevoir la liaison de cet art avec
la peinture et les études de la physionomie ; Diderot
ne craint pas même d'affirmer qu'un comédien
qui ne se connaît point en peinture ne peut pas être
un grand artiste.

Lavater n'a fait qu'indiquer cette belle et impor-
tante application de la physiognomonie. On a rem-
pli cette lacune par des articles tirés de la Mimique
d'Engel, et des ouvrages du même genre les plus
estimés.

La beauté et l'expression sont les deux termes
vers lesquels tendent sans cesse les grands artistes,

soit dans les physionomies idéales, soit dans les physionomies imitées.

Les études de la physionomie doivent nécessairement comprendre ces deux points essentiels de la partie des beaux arts. Lavater a laissé sous ce rapport, dans son bel ouvrage, un vide que l'on a cherché à remplir, dans la nouvelle édition, par le fragment de Diderot sur l'expression, par une analyse physiologique de la beauté, ainsi que par des applications entièrement neuves de la physiognomonie à l'examen du beau idéal, et des sentimens que l'on éprouve à la vue des types d'une nature perfectionnée et dégagée de tout ce qui rappelle la condition misérable et les besoins de l'humanité.

Toute la partie de la doctrine d'Hogarth et de Winckelmann, la plus élevée, la moins contestée, la plus philosophique, est fondue et dévelopée dans cette Étude (1).

_____

(1) Cette analyse physiologique de la beauté, que l'on chercherait en vain dans tous les traités d'anatomie à l'usage des peintres, est une des parties les plus essentielles de l'application de l'anatomie et de la physiologie aux beaux arts.

IX.ᵉ ÉTUDE.

De la physiognomonie comparée, et des idées de Porta sur les ressemblances qui existent entre certaines figures d'hommes et certaines figures d'animaux.

Tout dans la nature est rapport et harmonie ; chaque apparence externe est le signe d'une propriété : chaque point de la superficie d'un corps annonce l'état de sa profondeur et de sa structure : chaque trait de la beauté annonce une vertu; chaque trait de la laideur, un vice; et tous les êtres parlent, dans leur physionomie, une langue que l'on se rend aisément familière par l'expérience et l'observation. Mais ce sont principalement les animaux dont les traits, les caractères, les voix ont ces significations si expressives qui révèlent la nature de chaque espèce.

« Chaque espèce, dit Bernardin de Saint-Pierre, a des traits qui expriment son caractère : aux yeux étincelans et inquiets du tigre on distingue sa férocité et sa perfidie; la gourmandise du porc s'annonce par la bassesse de son attitude et l'inclinaison de sa tête vers la terre. »

Nous remarquerons encore que chaque animal

exprime dans ses traits quelques passions dominantes, telles que la cruauté, la ruse, etc.

Ce genre d'observation n'a point échappé à Lavater. Nous plaçons au commencement de cette
huitième Étude la traduction de son fragment sur
la physionomie des animaux en général. On a rap-
proché du même fragment les articles sur la physionomie de l'éléphant, sur celles du singe, du lion,
du cheval, de la chauve-souris, et de plusieurs
autres espèces choisies, soit parmi les mammifères,
soit parmi les oiseaux, les reptiles, les poissons, ou
même les insectes.

Un napolitain doué d'une grande sagacité, Jean-
Baptiste Porta, a indiqué entre toutes ces figures d'a-
nimaux et certaines figures d'hommes, des rapprochemens qu'il a fait ressortir dans des espèces de cari-
catures. Il a composé sur ce sujet un livre dont les
gravures représentent des têtes d'hommes ressem-
blantes à des têtes de chien, de cheval, de mouton,
de porc et de bœuf; il avait cru démêler une analogie remarquable entre la physionomie de Platon
et celle d'un chien de chasse.

On expose à la fin de cette huitième Étude la
doctrine de Porta, avec les figures de la belle édition italienne, et les dessins au trait des tableaux

que Lebrun a consacrés à la partie la plus saillante
de ces rapprochemens du physionomiste napolitain entre les figures humaines et les figures des
animaux.

X.ᵉ ET XI.ᵉ ÉTUDES.

Des physionomies organiques.

La langue physiognomonique est d'une richesse,
d'une variété inépuisables. Non-seulement elle révèle
les secrets les plus cachés du cœur et de l'esprit ;
elle instruit encore, et par des caractères faciles à
reconnaître, des divers états physiques, de la force
ou de la faiblesse de la constitution, de toutes les
modifications des tempéramens : de tout ce qui annonce les différences de l'âge, du sexe ou les variétés
nationales ; la nature de plusieurs maladies à leurs
différentes époques : d'un grand nombre de dispositions dangereuses, qu'il est important de signaler
dès le moment de leur première apparition. Ces différens objets sont réunis dans les 10.ᵉ et 11.ᵉ Études,
sous le titre de Physionomies organiques sans altération, et de Physionomies organiques avec altération.

On trouve dans Lavater, pour répondre à ces

deux titres, plusieurs articles, auxquels on ajoute un grand nombre d'articles nouveaux.

Les tableaux et les descriptions des divers tempéramens, et des principales variétés de la constitution physique de l'homme, occupent le premier article, qui a beaucoup d'étendue.

On trouve dans cet article plusieurs expositions pittoresques des attributs extérieurs des quatre tempéramens, le sanguin, le lymphatique, le bilieux et le mélancolique, avec un tableau qui a pour sujet quatre personnages doués chacun de l'un de ces quatre tempéramens, et manifestant leur émotion, suivant la différence de constitution qui les caractérise, à la vue d'une scène attendrissante. Six autres planches, accompagnées des interprétations qui s'y rapportent, présentent, réunies dans le même article, des modèles d'un grand nombre de tempéramens mixtes, d'un tempérament lymphatique vu isolément, et de plusieurs autres variétés de constitution physique, etc.

Un second article est consacré à l'exposition des principaux traits physiognomoniques qui caractérisent les femmes, les enfans, et les révolutions des âges en général.

Les caractères des races humaines et des variétés

nationales sont le sujet d'un troisième article, et la dixième Étude est terminée par deux additions, tirées de Camper et de Blumenbach, sur les principales différences que présentent les traits du visage et la forme de la tête, dans les quatre grandes variétés de l'espèce humaine.

L'Étude XI.ᵉ n'a point toute l'étendue que son titre semble annoncer : autrement elle serait un traité général des symptômes de toutes les maladies.

Les articles que nous y réunissons, sont la description, les simples profils ou les portraits d'idiots, de mélancoliques, de maniaques, d'aliénés de tout genre, etc., etc.

Un petit tableau suivi de son explication termine cette série : il a pour sujet un hypocondriaque et sa femme qui tomba insensiblement dans le même état de démence, par imitation.

Les additions ont pour objet la physionomie de plusieurs affections lentes et habituelles qui se manifestent par des changemens très-prononcés dans les traits du visage.

Le scrofuleux, le phthisique, les malades attaqués de jaunisse ou de maladies lentes des organes du ventre, sont les principaux sujets de ces additions, qui sont terminées par un dessin du tableau de l'hydropique.

XII.ᵉ ÉTUDE.

Des rapports particuliers de la physiognomonie et de la peinture.

La connaissance des hommes par la physionomie est, sans doute, de tous les points de vue de
l'étude de l'homme, celui qui intéresse plus vivement le peintre, le sculpteur, l'acteur, le poète, etc.
On pourrait la regarder comme la physiologie
spéciale des artistes, des poètes épiques et dramatiques.

« L'ame d'un homme passionné, dit le philosophe
Diderot, vient se peindre sur son visage en caractères clairs, évidens, auxquels nous ne nous mé-
prenons jamais. Sur son visage? que dis-je? sur sa
bouche, sur ses joues, dans ses yeux; en chaque
partie de son visage. L'œil s'allume, s'éteint, lan-
guit, s'égare, se fixe, et une grande imagination de
peintre est un recueil immense de toutes ces expressions. »

En effet, tous les grands peintres, les Raphael,
les Léonard de Vinci, Lebrun, Le Poussin, ont tous
été d'habiles, de profonds physionomistes. Nou-

seulement ils ont rendu les traits les plus délicats
et tous les détails du tableau des passions humaines;
mais ils ont exprimé en outre tous les caractères de
la physionomie en repos : toutes les marques distinctives des personnages qui respirent dans leurs
admirables compositions, et dont l'imagination de
tout spectateur qui n'est pas étranger à la langue
physiognomonique, peut aisément faire l'histoire
toute entière, et retrouver toute la vie, toute la
destinée.

Cette connaissance, cette expression de tout ce
qui peut relever le caractère moral, est même peut-
être plus indispensable pour le peintre d'histoire
que pour les poètes épiques et dramatiques.

Ces derniers ont des narrations, des scènes, des
actes, et en général des moyens de développement
très-étendus.

Le peintre ne peut faire qu'un seul récit, qu'une
seule scène; et il faut que par le moyen de la composition et de l'expression, ce récit, cette scène,
soient un drame tout entier, et qu'en montrant les
personnages dans un seul moment de leur vie, la
poésie muette du pinceau fasse retrouver les causes,
les suites de ce moment unique; tout ce qui s'y
rapporte, la longue suite de pensées et de sentimens

qu'il doit exciter dans les ames actives et passionnées.

Toutes les parties de l'ouvrage ont donc une liaison intime et directe avec la peinture ; elles doivent puissamment contribuer aux progrès de l'éducation des artistes, si la composition et l'expression sont les parties les plus essentielles de la peinture transcendante, si la composition et l'expression font seules les peintres épiques et dramatiques.

Nous avons cru néanmoins réunir sous le titre de RAPPORTS PARTICULIERS de la physiognomonie avec la peinture les deux grands articles dans lesquels Lavater traite spécialement des silhouettes et de l'art du portrait.

Cette Étude présente un grand intérêt, par les heureuses applications que l'auteur fait de sa doctrine à l'art poétique des peintres, et par le nombre, l'heureux choix, la belle exécution des profils et des portraits dont il donne le commentaire physiognomonique.

On a placé à la fin de cette Étude, et sous la forme d'addition, plusieurs remarques de M. Vincent, qui étaient indispensables, et qui rendront cette douzième Étude d'un grand prix pour les artistes.

XIII.ᵉ ÉTUDE.

Philosophie et histoire de la physiognomonie.

Suivant la remarque ingénieuse de Bacon, chaque science devrait être regardée comme une pyramide : des faits et des observations convenablement recueillis en forment la base et le corps : le sommet est occupé par la partie métaphysique et littéraire.

Adoptant cette remarque, nous rapprochons dans cette dernière Étude, et sur le sommet de l'édifice dont nous venons de tracer le plan, toutes les considérations générales et littéraires de Lavater qui n'ont pu entrer dans son introduction, soit par leur nature métaphysique, soit parce qu'elles supposaient des connaissances qui ne peuvent être acquises que par la lecture des autres parties de l'ouvrage.

Cette partie philosophique et littéraire est rangée sous les quatre titres suivans :

1.º Passages des différens écrivains, avec les réflexions de l'auteur.

2.º Réflexions générales sur l'étude de la physiognomonie.

5.º et 4.º Des moyens de concilier l'étude de la

physiognomonie avec l'amour du prochain, et de la physiognomonie considérée comme base de l'estime et de l'amitié.

Sans vouloir admettre, avec quelques philosophes, que l'homme soit essentiellement méchant et pervers, on ne peut guère se refuser à voir que son étude, et surtout son étude physiognomonique, font moins souvent éprouver l'admiration et l'estime, que le mépris, l'indulgence ou la pitié.

Lavater a toujours repoussé cette triste, cette cruelle vérité; son ame, comme celle de Fénélon, était tout amour, philanthropie, charité; et jamais les observations du philosophe n'ont pu diminuer sa sensibilité, qui est demeurée vive, profonde, je dirais presque jeune, virginale, au milieu des recherches et des travaux les plus propres à la flétrir.

On pourra s'en convaincre dans les deux articles qui terminent son ouvrage, et partager peut-être son heureuse illusion, la respecter du moins; on le suivra avec attendrissement dans l'exposition des preuves qu'il se plaît à réunir pour démontrer que les études de la physionomie peuvent se concilier avec l'amour du prochain; que la physiognomonie peut être la base de l'estime et de l'amitié.

4 *

L'article sur l'étude de la physiognomonie pourrait être regardé comme la philosophie de l'art, comme le point de vue de la science le plus élevé et le plus vaste. L'auteur ne se borne plus à faire part de ses observations, à en proclamer les résultats ; il revient sur ses pas, jette de loin et de très-haut le coup d'œil le plus pénétrant sur la carrière qu'il a parcourue ; signale les écueils qu'il y a rencontrés ; dévoile tous les secrets de l'art, et rassemble tous les conseils, tous les principes qui peuvent contribuer aux progrès de la science dont il a posé les bases.

Ces treize Études forment, par leur succession et leur enchaînement, l'art et la science de la physiognomonie. Elles sont précédées d'une première partie composée de notions élémentaires qui, sans faire directement partie de l'art de connaître les ·hommes par leurs physionomies, ouvrent le sanctuaire de cet art, et renferment toutes les données qui en préparent et favorisent la pratique.

Voici le titre et le sujet de ces notions, divisées en cinq grandes sections.

Ire SECTION.

Introduction et considérations générales.

Cette Introduction comprend tous les articles dans lesquels Lavater expose plusieurs vues générales et préliminaires sur l'étude de la physionomie : genre de considération que l'on désigne ordinairement sous le titre de généralités, et dans lequel on montre de loin les sommités de la science que l'on peut apercevoir à l'entrée de la carrière qu'elle occupe, et dont l'observation sert en quelque sorte à reconnaître et à mesurer l'espace qui doit être parcouru.

Cette première Étude a beaucoup d'étendue, et comprend un grand nombre d'exercices physiognomoniques et d'essais qui intéresseront vivement les lecteurs, en les familiarisant sans effort avec un genre d'observation dans lequel on ne doit avancer qu'avec la plus grande circonspection et d'une manière graduée et analytique.

II.ᵉ SECTION.

Tableau anatomique et physiologique des organes qui sont le siége principal de la physionomie.

Le moral de l'homme se montre, se révèle, sans doute , dans toutes ses manières d'exister , dans toutes les parties de son corps; et, suivant l'expression de Buffon, son ame, l'excellence de sa nature, perce à travers ses organes matériels, et sa démarche ferme et hardie annonce sa noblesse et son rang.

Cependant quelques parties du corps, quelques organes peuvent être regardés comme le siége principal et le moyen particulier de la physionomie. Tels sont le front, les yeux, le nez, la bouche, en un mot, toutes les parties du visage, et même du crâne, dont les dispositions, la forme, les proportions, etc., doivent être regardées comme la partie fondamentale de la langue physiognomonique.

L'histoire anatomique et physiologique de ces divers organes, c'est-à-dire, l'analyse de la structure et du mécanisme de la tête, doivent nécessairement précéder toute recherche sur l'expression des passions et des habitudes morales.

Lavater avait omis cette introduction physiognomonique que nous présentons ici comme un supplé-
ment, qui, sous le double rapport des gravures et
du texte, forme un ouvrage entièrement neuf, et
dont toutes les parties, tous les détails ont été
pris, pour les descriptions et les dessins, dans
l'observation et l'imitation immédiates de la nature.

Les divisions de ce travail répondent, pour le
texte et les gravures, aux différens aspects sous lesquels il faut considérer la tête de l'homme pour en
développer et analyser la structure.

Un premier aspect comprend tout ce que cette
partie du corps humain présente à notre étude,
avant que le scalpel de l'anatomiste ait pu conduire
à un examen plus approfondi et plus détaillé. On
pourrait donner à ce premier point de vue le nom
d'histoire naturelle de la tête.

La partie osseuse est le sujet d'un second aspect
au développement duquel on consacre deux gravures et des détails, des remarques dont l'ensemble forme le tableau du siége de la physionomie passive.

Le troisième aspect est consacré à l'histoire du
siége de la physionomie active ou musculaire, et le

quatrième et le cinquième aux vaisseaux de la face,
qui jouent un si grand rôle dans les effets éloquens
et caractéristiques des différentes passions.

Dans un sixième aspect, on suit toutes les divisions, tous les détails du réseau nerveux qui
anime les différentes parties du visage.

Toutes les descriptions, les dessins employés dans
cette première Étude, ont été soumis aux observations de M. Dupuytren, chef des travaux anatomiques de l'École de médecine de Paris. Ils ont même
été exécutés en grande partie par ses conseils, et d'a-
près des préparations qu'il a dirigées ou faites avec
un zèle que lui inspiraient son amour pour les
sciences naturelles, et l'amitié dont il nous a donné
souvent d'autres témoignages.

III.ᵉ SECTION.

De l'expression particulière des différentes parties
qui sont le siége principal de la physionomie.

Les articles qui répondent à ce titre sont dispersés dans les quatre volumes de l'Édition petit
in-folio. En les réunissant dans un seul et même
article, on rassemble un grand nombre de don-

nées et de principes dont la connaissance, facile
à acquérir, conduit à l'observation plus difficile
de l'ensemble de la physionomie.

Cette section, qui comprend la partie la plus po-
sitive et la moins contestée de la doctrine de Lavater, a beaucoup d'étendue, et contient un grand
nombre d'exercices physiognomoniques, dans lesquels on suit aisément l'auteur, à l'aide des planches
expressives et éloquentes qu'il a prodiguées dans
çette partie de son ouvrage.

IVᵉ. SECTION.

Des caractères tirés de l'ensemble du corps humain,
ou de quelques-unes de ses habitudes, et princi-
palement des gestes et de l'écriture.

Tout est lié dans l'homme ; tout, dans son admirable structure, est rapport et harmonie, et chaque
partie de son organisation offrirait, sans doute,
à un observateur exercé des marques distinctives
et des caractères physiognomoniques.

Persuadé de cette vérité qu'il a dévelopée dans
d'éloquentes réflexions sur l'homogénéité de la structure de l'homme, Lavater a considéré séparément

les caractères que l'on peut tirer de la structure, des proportions du corps, des gestes, de l'écriture, etc.

Ce genre de recherches offre, ainsi que les Études précédentes, des vérités évidentes, des observations positives, et forme la partie la plus simple de la langue physiognomonique. Nous avons cru en conséquence devoir placer cette section dans les Études élémentaires ; l'article sur les gestes offre un grand intérêt sous le double rapport du texte et des dessins. Il est formé, en grande partie, du résultat des observations ingénieuses d'Engel, qui a été pendant plusieurs années directeur des spectacles à Berlin : circonstance dont il a profité pour composer un excellent ouvrage sur l'art du comédien.

Tels sont les objets nombreux et variés qu'embrassent les Études de la physiognomonie liées entre elles, enchaînées et distribuées de manière à former cet ensemble de faits et ce corps de doctrine qui constituent une véritable science. Si dans leur exposition, que nous avons cru devoir placer à la tête de cette nouvelle édition de Lavater, on trouvait un peu de monotonie et de sécheresse, il nous suffirait, pour éloigner tout reproche à ce sujet, de remarquer que ces défauts sont presque inséparables de tout abrégé, et que Pline n'a pas balancé à faire le premier livre de son Histoire naturelle avec les seuls titres des chapitres qui la composent.

En plaçant d'ailleurs le travail de Lavater dans un nouveau cadre, nous avons évité avec soin de rien changer au fonds des idées et de la doctrine de l'auteur.

Agir autrement, retrancher ou dénaturer, sous un prétexte quelconque, quelques pages de cet ouvrage immortel, ne serait-ce pas s'exposer à de justes reproches? Ne serait-ce pas se placer parmi ces compilateurs qui, appliquant leurs petites mesures aux conceptions vastes et élevées des grands écrivains dont ils se font, sans mission, les éditeurs, les abrégent, les mutilent ou les surchargent par de vaines additions. conduite aussi ridicule que coupable, et comparable à celle de ce brigand de l'Attique, qui plaçait les passans sur son lit de fer, coupait les jambes de ceux qui les avaient plus longues que ce lit, et les alongeait à ceux qui les avaient plus courtes.

Nous avons donc conservé, avec un respect presque religieux, toutes les parties de l'ouvrage de Lavater.

Assertions, conjectures, observations, pressentimens, expériences décisives, simples aperçus, vues hasardées, doutes, développemens quelquefois superflus, illusions même et erreurs, nous avons tout recueilli, tout conservé, et nous avons donné à cette immense collection le nom d'*Etudes*, comme on le donne aux esquisses des tableaux qu'un peintre n'a pu terminer, parce qu'en effet l'ouvrage de Lavater est une suite d'esquisses semblables, où l'on reconnaît la pensée toute entière, le génie de l'auteur et la fécondité de ses compositions.

On nous saura gré, sans doute, de cette conduite, et des motifs qui nous ont porté à ne pas retrancher une seule ligne, une seule vignette de l'ouvrage original.

Lavater inspire, au moins par sa personne, autant d'intérêt que par ses ouvrages. Il est, comme Rousseau, au rang du petit nombre des écrivains originaux, dont les erreurs, les défauts ont des droits au souvenir de la postérité, et ne peuvent être supprimés dans leurs portraits ni dans leurs ouvrages (1).

---

(1) Cette manière de juger Lavater se rapproche beaucoup de l'opinion de l'auteur d'une excellente Dissertation sur l'histoire de la philosophie en Allemagne, insérée dans la *Revue*. Il est, dit l'auteur de cette dissertation, une science qui tient à la psychologie par son objet, et aux beaux arts par les secours qu'elle

On aime , on suit avec autant d'empressement la marche de leur esprit, le développement de leur ame que l'enchaînement des vérités qu'ils proclament. Leur histoire privée et la science se touchent, sont confondues, et chaque trait que l'on supprime sous ce double rapport, fait nécessairement naître des re-grets, lors même qu'il paraît superflu dans l'ouvrage.

---

en tire; c'est la physionomique (autrement physiognomonie). Long-temps elle ne consista qu'en fragmens épars çà et là dans le vaste champ de la philosophie. Ce n'était que des idées jetées au hasard dans un petit nombre de livres, échapées au génie, qui les avait abandonnées dès leur naissance, et trop déliées pour être aperçues du commun des lecteurs. De nos jours, on a vu ces idées recueillies par un homme de génie, et , présentées dans leur ensemble , devenir un système régulier et mériter le nom de science. Les fragmens physionomiques de Lavater , que l'on peut en regarder comme les archives , sont sans contredit l'ouvrage le plus original, soit pour le fonds , soit pour la forme , qui ait jamais été produit. C'est dans cet ouvrage que Lavater a montré tout ce qu'il pouvait être. Son style est plein d'énergie , de vi-gueur et d'originalité ; ses tournures sont hardies et piquantes : si les mots lui manquent, il les crée, et cela lui arrive souvent; car la langue allemande, riche pour tout autre, est pauvre pour lui, tant ses idées sont neuves et abondantes. On a beau dire que la partie systématique est un roman : cela se peut; mais il n'y en eut jamais de plus attrayant, de plus propre à nous remuer par les plus puissans de tous les mobiles, l'amour-propre et la curiosité. D'ailleurs peut-on lire cet ouvrage avec un esprit dé-gagé de prévention , sans se dire à chaque page : Voilà ce que j'ai vu, ce que j'ai senti, ce que l'expérience m'a prouvé mille

Quant à l'ordre que nous avons suivi, et qui suffira peut-être pour donner une forme presque nouvelle à l'ouvrage de Lavater, son principal avantage consiste dans la succession graduée et la distribution analytique des sujets d'Études que comprend l'ouvrage.

Suivant cet ordre, on va constamment du simple au composé, d'une observation aisée à une observation plus difficile, d'une connaissance acquise à une connaissance nouvelle, etc.

Ainsi, l'Étude des organes qui sont le siége principal de la physionomie, conduit naturellement à l'expression séparée de chacun de ces organes, et des caractères tirés de la forme générale, des mouvemens, et de quelques habitudes de l'homme.

---

fois? Enfin, ce qui doit le rendre cher aux gens de goût, et sur-tout aux artistes, c'est la profonde connaissance de l'art qui s'y montre partout; c'est ce sentiment intime du beau, porté jusqu'à l'enthousiasme, je dirai presque jusqu'au délire, qui en a dicté toutes les pages. Si Raphael eût été auteur, il est probable qu'il aurait écrit comme Lavater; si Lavater eût été peintre, il aurait été un autre Raphael. En un mot, la postérité, en lisant la physionomique, admirera le génie sublime qui en a conçu l'idée, et oubliera que son auteur, trop souvent trompé par une imagination ardente et par un cœur sensible, a cru à la continuité des miracles. aux rêveries des somnambulistes, à l'évocation des esprits, à Schrœpfer, à Gassner, à Mesmer, à Cagliostro, à tous les charlatans, imposteurs et thaumaturges de son siècle.

De semblables connaissances, de semblables observations sont faciles, et pourraient même être regardées comme une partie des sciences naturelles;
elles amènent sans effort, sans passage brusque, le
tableau des caractères des passions, tableau qui
n'offre encore rien d'arbitraire, de contesté ou de
douteux.

Au tableau des caractères des passions succède
la partie la moins subtile, l'exposition des caractères saillans, des physionomies hideuses et expressives que détermine l'impression long-temps conti-
nuée des passions violentes, du crime et de la dé-
pravation. Les autres Études de la physionomie
s'enchaînent, se succèdent dans le même ordre, et
l'on arrive graduellement jusqu'au caractère idéal,
et aux expressions les plus délicates d'une dignité,
d'une vertu, d'une perfection au-dessus de la condition humaine.

Les gravures et les vignettes de tout l'ouvrage de
Lavater ayant été distribuées suivant cet ordre analytique, nous avons fait parcourir rapidement ce recueil à plusieurs personnes qui n'avaient aucune
confiance dans les oracles physiognomoniques. Ces
incrédules ont changé aussitôt d'opinion, et en les
faisant passer graduellement des physionomies les

moins équivoques à la signification des traits les plus déliés, des caractères les plus délicats, nous les avons forcés à reconnaître que la physiognomonique était appuyée sur l'observation, qu'elle était une véritable science, et que les décisions de Lavater ne paraissaient souvent exagérées ou douteuses à ses lecteurs, que parce qu'il avait négligé de les conduire graduellement, en avouant toutefois que, pour apprécier ses jugemens, il faudrait peut-être avoir la sagacité de son coup-d'œil, une foule de connaissances qui lui étaient propres, qui ne pouvaient se transmettre, et dont il était redevable à son expérience consommée, et à l'habitude de l'observation.

La langue physiognomonique offre plusieurs styles, depuis la prose la plus simple jusqu'aux grandes difficultés de l'éloquence et de la poésie.

Pour connaître cette langue à fond, nous avons pensé qu'il fallait s'avancer dans son étude, sans franchir aucun espace intermédiaire.

Cette considération nous a fait adopter le plan qui vient d'être exposé. La science dont il indique les différentes parties, et qui n'avait peut-être point la forme d'une science sans cet enchaînement, ne doit pas être regardée comme une simple division

de l'Histoire naturelle. C'est un genre de connaissances mixtes, une physiologie transcendante, un
ordre de considérations très-élevées, et dans lequel
l'observation timide et attentive, l'imagination libre
et audacieuse, les recherches utiles du savant, et
les méditations sublimes du philosophe, rapprochées
les unes des autres et presque confondues, s'éclai-
rent et s'agrandissent par de mutuelles communications.

La physiognomonie n'est pas indiquée dans les
tables encyclopédiques les plus modernes, qui ne
sont, à la vérité, que des cartes provisoires de l'em-
pire des sciences, qu'il faudra refaire à des époques
plus éloignées, et qui seront toujours moins irrévocablement fixées que les cartes géographiques,
parce que les limites du monde physique sont assi-
gnables, et qu'il est impossible de marquer un terme
aux progrès toujours croissans et à la perfectibi-
lité indéfinie de l'esprit humain.

Cette science de la physionomie peut être regardée comme une division d'une science plus étendue, qui a été exposée dans ces derniers temps par un
médecin philosophe (1), sous le titre modeste de

_____

(1) M. Cabanis, membre de l'Institut, professeur à l'Ecole
de médecine de Paris. Son ouvrage, composé de faits connus,

*Mémoires sur les rapports du physique et du moral
de l'homme :* genre de savoir, point de vue de l'é-
tude de l'homme, qui doit se trouver, dans le tableau
des connaissances humaines, entre les sciences morales et les sciences physiques dont il remplit l'intervalle.

De cette place que nous assignons à la physiognomonie dans le tableau des connaissances humaines,
résulte le nombre de ses rapports avec les différentes
parties des sciences, de la littérature et des beaux arts.
Mais c'est principalement avec la philosophie distributive et l'Histoire naturelle, avec l'anatomie,
la physiologie, la médecine, avec toutes les parties
des arts où dominent l'invention poétique et les
richesses de l'imagination, que la physiognomonie a
des rapports intimes et des liaisons directes.

La philosophie distributive ou analytique dirige,

---

mais ordonnés, classés d'une manière nouvelle, a ajouté une
science toute entière et une science du premier ordre, à la
somme des connaissances humaines.

Ce nouveau genre de connaissances, que l'on peut appeler,
avec M. Destut de Tracy, la physiologie philosophique, est une
science mixte, et présente un ordre de faits et de considérations qui intéresse également le médecin et le philosophe.

Voyez, pour le développement de ces réflexions, la notice que
nous avons publiée dans la Décade philosophique; an xiii.

unit entre elles les recherches du physiognomoniste, et par un enchaînement méthodique, élève les résultats de ces recherches au rang des sciences d'observation. L'art d'étudier, de connaître les hommes par leurs physionomies, enrichit à son tour la philosophie par des faits du plus grand intérêt, la ramène à une direction expérimentale, comble l'intervalle qui paraît la séparer des sciences exactes; et les rapports du physique et du moral de l'homme ne sont pas plus évidens, plus immédiats que cette liaison de la philosophie avec l'observation du tableau des caractères variés des différentes passions et des habitudes diverses de l'humanité.

L'Histoire naturelle offre un grand nombre de données préliminaires qui sont indispensables au physiognomoniste, et pourrait elle-même être regardée comme une physiognomonie générale et universelle, puisqu'elle a pour objet de signaler les différentes productions de la nature, et de lier, autant qu'il est en son pouvoir, la connaissance de leurs caractères extérieurs avec celle de leur disposition interne et de leurs propriétés.

D'autres rapports plus nombreux unissent les études de la physionomie avec l'anatomie, la physiologie et la médecine.

Les Études de la physionomie ne sont même qu'une physiologie plus élevée, moins matérielle, se rapportant à un côté de la nature plus difficile à bien voir, à bien interroger, et à l'observation duquel il importe de se préparer par des recherches sur la structure des organes qui sont le siége principal de l'expression des passions.

La médecine n'est pas moins liée avec la physiognomonie. En effet, les variétés des tempéramens, toutes les différences de la constitution physique, les degrés de la sensibilité et de l'irritabilité, les symptômes des maladies, les changemens de l'organisation, les révolutions des âges, ne peuvent être bien reconnues que par une expérience consommée dans l'art d'interroger la physionomie, et sont même le sujet d'une physiognomonie particulière, qui ne peut pas plus se transmettre et s'enseigner que le goût éclairé et le coup d'œil rapide d'un grand peintre (1).

Ajoutons que le médecin est celui de tous les hommes qui a le plus d'occasions de se livrer avec précision aux études des physionomies morales. Il

_____

(1) C'est cette partie de l'art que donne une expérience consommée et qui n'est pas traditionnelle, qu'ont possédée à un si haut degré les praticiens les plus habiles, depuis Hippocrate jusqu'à Fizes, Bouvard, Fouquet, Corvisard, etc., etc.

voit de près, a dit un médecin philosophe, les maux et les faiblesses de l'humanité ; le masque de l'hypocrisie, le voile même de la pudeur sont tombés souvent en sa présence.

Quel replis du cœur humain pourrait donc échaper au médecin observateur et philosophe ? Ne voit-il pas les agitations les plus secrètes, les habitudes les plus honteuses, les affections les plus timides, les vices et les vertus se montrer à ses regards, s'exprimer dans les traits d'un visage dont une volonté languissante et sans énergie ne peut plus retenir les aveux ou faire taire le langage ?

Il serait superflu, sans doute, de donner beaucoup de développement à la considération des liaisons de la physiognomonie avec les beaux arts. Si la sculpture, la peinture sont, comme on l'a dit, l'art d'animer le marbre et la toile, comment rem-

---

Ce qu'il faut singulièrement regretter, dit à ce sujet Clerc dans l'Histoire naturelle de l'homme malade ; ce qu'il faut singulièrement regretter quand la société perd un grand praticien, c'est cette multitude de connaissances non traditionnelles. J'en appelle à ceux qui, comme Lomnius, se sont attachés à décrire le plus scrupuleusement les maladies. Combien de choses qui étaient dans leur entendement et qu'ils n'ont jamais pu transmettre de vive voix, ni par écrit !

Voyez *Histoire naturelle de l'homme malade*, vol. I, p. 186.

pliraient-elles leur objet sans la connaissance de l'expression, sans une étude tout à la fois expérimentale et raisonnée de la physionomie ? Pour l'artiste poëte toute l'étude de la nature se réduit presque à cette observation des effets extérieurs qui dépendent des mouvemens internes du cœur humain. C'est également à cette partie de la science de la nature que doit principalement s'attacher le grand poëte : Homère ne l'avait pas négligée : il est peintre fidèle, habile physionomiste; et quand il va faire parler ou agir ses héros, on devine leurs discours et leurs actions dans leur attitude, par le mouvement et le jeu de leur physionomie.

On peindrait, d'après le récit d'Homère, les héros que ses chants ont rendus immortels. Qui ne reconnaîtrait sur la toile cet Ulysse se levant pour parler à son tour, les yeux attachés sur la terre, les bras pendans avec l'air de l'embarras et de la crainte ? Ne reconnaîtrait-on pas également Ajax, Agamemnon, Achille, Nestor ? Et si les poëmes d'Homère sont peut-être les seuls que le pinceau puisse aisément traduire, n'est-ce point parce que l'auteur fut un observateur attentif de la nature animée, un habile physionomiste ?

Les études de la physionomie tiennent en outre

aux beaux arts par les secours qu'elles en tirent, et l'on pourrait dire que la véritable langue du physionomiste, c'est la peinture, que cette langue est toute en images, qu'elle doit également s'adresser à l'œil et à l'esprit.

Pour terminer ces considérations générales et préliminaires, il nous resterait à présenter quelques réflexions sur le degré de certitude de la physiognomonie, sur l'exactitude de ses décisions, la vraisemblance de ses conjectures. Mais ce sujet ayant été traité avec beaucoup de développement par Lavater, nous n'avons pas cru devoir le faire entrer dans ce discours.

Nous terminons donc ici la vue rapide de la carrière immense que Lavater a ouverte et parcourue.

Etait-il utile de la rendre plus accessible, et de répandre davantage le goût des recherches physiognomoniques ?

Nous croyons pouvoir répondre affirmativement à cette question.

Nous croyons servir l'humanité, la philosophie, la peinture, la sculpture et toutes les parties des beaux arts, en donnant une édition de l'ouvrage de Lavater, disposée de manière à propager les connaissances physiognomoniques.

On avouera que ces connaissances, et l'emploi que l'on peut en faire dans la société, ont des inconvéniens; que de semblables recherches peuvent détruire des illusions et des erreurs bien chères, conduire à des découvertes affligeantes, porter même quelquefois à une sombre mélancolie, et aller jusqu'à flétrir, accabler le cœur par l'indignation et le mépris: impressions cruelles que n'éprouverait pas un observateur moins éclairé.

Mais que d'intérêt, que de jouissances, de plaisirs, d'émotions agréables naissent de la même source, et en font oublier l'amertume passagère! Combien les recherches du physiognomoniste sont curieuses et piquantes! A quelle hauteur philosophique ne doivent-elles pas le placer! quels développemens elles donnent à sa sensibilité! quels mouvemens elles excitent dans son ame! Les autres hommes sont passifs, indifférens: le physiognomoniste seul prend une part constamment active au drame de la vie; lui seul paraît en reconnaître, à la première vue, le but, les motifs, le dénouement; la société est pour lui une galerie de tableaux vivans qu'il juge, qu'il apprécie avec une intelligence et un tact comparables à la sagacité avec laquelle un observateur éclairé reconnaît ces nuances légères, ces traits fugitifs, cette foule de beautés de détail qui caractérisent les chef-d'œuvres des grands peintres, que le spectateur vulgaire juge sur parole, qu'il regarde sans les voir et sans les apprécier. En un mot, le physiognomoniste connaît seul les caractères d'une langue que tous les hommes parlent avec la même éloquence, voit partout des harmonies et des rapports, jouit de la vertu dans la beauté, ne sépare point l'idée des sentimens généreux de l'impression des traits agréables, et mêle sans cesse à ses observations la bienveillance, l'entraînement, les communications de la plus douce sympathie, l'attendrissement et l'admiration.

Quels services ne rendent pas en outre les études de la physionomie lorsque, moins agréables qu'utiles, elles dissipent des séductions dangereuses, repoussent des caresses et des amitiés perfides, démasquent des hypocrites de vertu ou de sensibilité, et arrêtent un crime, une action honteuse dont elles ont su deviner l'intention?

Le marin doit reconnaître de loin les écueils des mers où il navigue, et le voyageur les dangers qu'il peut rencontrer dans les solitudes du désert.

La société a-t-elle donc moins de périls que les solitudes du désert ou les abîmes de l'Océan? Pour

y vivre ne faut-il pas de l'expérience? trop souvent
celle des infortunes, les leçons terribles du malheur?
Pourquoi ne pas assurer ce voyage de la vie en
s'éclairant par des lumières moins péniblement acquises, par cette connaissance approfondie du cœur
humain, à laquelle doivent nécessairement conduire
les études de la physionomie ?

Ces applications directes et prochaines de la physiognomonie ne peuvent être révoquées en doute.
Nous avons besoin du moins d'y croire. Pour
donner cette nouvelle édition de Lavater, il fallait
un but moral à nos efforts; il fallait supposer un
grand degré d'importance et d'utilité à un travail
aussi pénible que difficile, et que nous n'aurions
pas entrepris sans la persuasion qu'il pouvait contribuer aux progrès des sciences et au bonheur
de la société.

École de Médecine de Paris,
ce 12 décembre 1805.

INTRODUCTION

ET

CONSIDÉRATIONS GÉNÉRALES.

Eternel, notre Dieu, que ton nom est digne d'être célébré par toute terre! Tu fais briller ta gloire dans les Cieux, et la bouche même du faible nourrisson annonce ta puissance. Éternel, quand je contemple les Cieux, ouvrage de ta main, la lune et les étoiles dont tu as semé le firmament, je m'écrie : Q'est-ce que l'homme pour que tu fasses attention à lui, et le fils de l'homme, pour que tu daignes en prendre soin? A peine, cependant, l'as-tu fait inférieur aux anges. Tu l'as couronné de gloire et d'honneur, et il couronne l'œuvre de tes mains. Toutes choses lui sont assujéties, les animaux qui paissent l'herbe des campagnes, les habitans de l'air, et tout ce qui nage dans les ondes.

Éternel, notre Dieu, Dieu éternel, que ton nom est digne d'être célébré dans toute la terre !

AVERTISSEMENT

DES ÉDITEURS

SUR L'INTRODUCTION.

Dans l'étude de chaque science , presque toujours en porte d'abord sa vue sur des vérités générales qui doivent être détachées de l'ensemble, et dont la réunion forme une introduction indispensable , une sorte de prélude littéraire et philosophique.

S'arrêter d'abord à ces vérités, ce n'est pas s'écarter de la méthode analytique; c'est entrevoir seulement les points les plus lumineux de la science, quelques sommités que l'on aperçoit de loin à l'entrée de la carrière, et dont l'observation, remplie d'intérêt, donne ensuite le désir et le courage de se livrer à une étude suivie et détaillée.

Lavater, sans avoir le projet de donner un traité méthodique sur les études de la physionomie, a placé à la tête de son ouvrage quelques-uns de ces points de vue généraux dont nous parlons , et en a réuni le plus grand nombre sous le titre d'INTRODUCTION.

Nous les avons rassemblés sous le titre d'Introduction et de Considérations générales. Il aurait fallu peut-être les abréger , et donner moins d'étendue à un vestibule dans lequel plus d'un lecteur trouvera qu'on le retient trop long-temps , et demandera avec impatience qu'on lui accorde l'entrée du temple où il doit être initié aux mystères de la physiognomonie.

Dans le dessein de prévenir cette impatience que doivent nécessairement exciter une introduction trop longue et des généralités trop étendues , nous nous étions proposé d'abord de les abréger et de les réduire à un petit nombre de considérations principales. Mais avions-nous ce droit? N'aurait-ce pas été dénaturer, mutiler l'ouvrage de Lavater, sous le prétexte de le perfectionner? Cet écrivain dont les erreurs et l'exaltation inspirent tant d'intérêt; cet écrivain, ainsi que nous l'avons déjà re-

marqué, est au rang du petit nombre des au-
teurs originaux, des ouvrages desquels on ne
peut rien retrancher, parce que les parties de
leurs écrits que l'on voudrait supprimer, font
connaître l'homme, qu'elles tiennent à l'ensemble
de ses pensées, et que rien ne peut en être re-
tiré sans nuire à l'ensemble.

Dans les productions des autres écrivains on
sépare l'idée de l'ouvrage de celle de l'auteur et
la pensée du sentiment.

Dans les ouvrages des écrivains dont nous
parlons, dans les immortels écrits de Fénélon,
de Rousseau, de Bernardin de Saint-Pierre, de
Lavater, on cherche moins encore peut-être
l'instruction que le plaisir, que cette foule d'é-
motions délicieuses dont les ouvrages de ces
grands écrivains sont des sources inépuisables.

Ces considérations générales, et cette introduction de Lavater, qui peut-être devraient occuper un peu moins d'espace, méritent d'ailleurs
de fixer l'attention des lecteurs sous une foule
de rapports, et présentent un grand nombre de

données préliminaires, sans lesquelles on lirait avec moins de fruit les autres parties de l'ouvrage. Nous ne craignons pas même d'assurer que les lecteurs auxquels ces préambules pourraient déplaire, cherchent plutôt dans leurs lectures des distractions frivoles que des connaissances utiles.

Les lecteurs qui lisent avec d'autres intentions s'arrêteront avec le plus vif intérêt, dans cette Introduction, à un grand nombre d'articles, principalement à un passage d'Herder, tiré de son ouvrage sur les premiers et les plus anciens documens de l'histoire du genre humain, avec des réflexions de Lavater; 2.° aux fragmens sur les difficultés et l'utilité de la physiognomonie; 3.° au fragment sur la nature humaine et au Discours de M. M... sur le même sujet; 4.° à d'autres fragmens sur les qualités du physionomiste, la physionomie considérée comme science, l'universalité du tout physiognomonique, etc., etc.

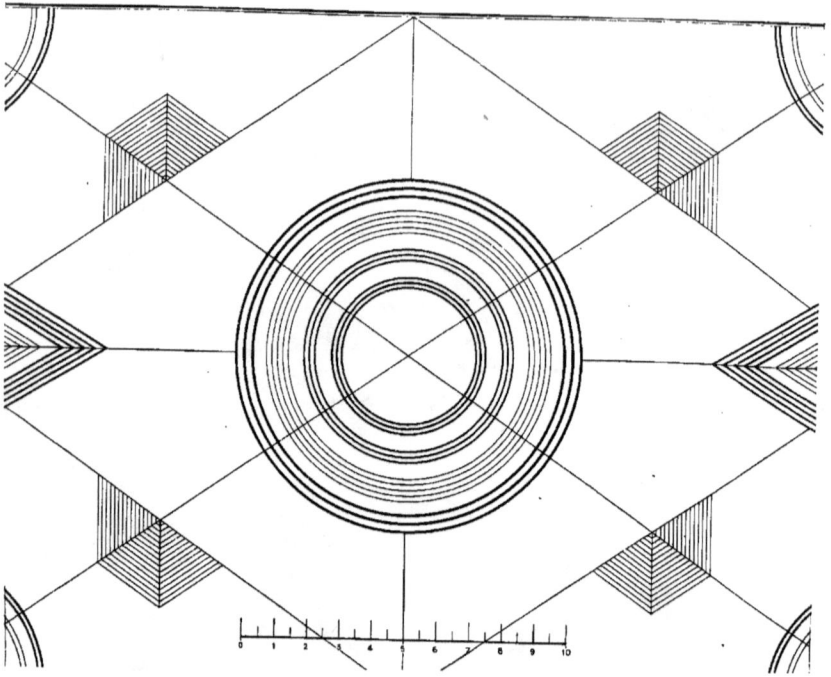